Lena Heisig

Fitness und Gesundheit durch Zirkeltraining

GRIN Verlag

Bibliografische Information der Deutschen Nationalbibliothek:

Die Deutsche Bibliothek verzeichnet diese Publikation in der Deutschen National-bibliografie; detaillierte bibliografische Daten sind im Internet über http://dnb.d-nb.de/ abrufbar.

Impressum:

Copyright © 2014 GRIN Verlag GmbH
Druck und Bindung: Books on Demand GmbH, Norderstedt Germany
ISBN: 978-3-656-62213-0

Dieses Buch bei GRIN:

http://www.grin.com/de/e-book/270688/fitness-und-gesundheit-durch-zirkeltraining

Albert-Schweitzer Gymnasium, 74172 Neckarsulm

Sport GFS

Fitness und Gesundheit durch
Zirkeltraining

Schriftliche Ausarbeitung der GFS im Grundkurs

Gymnastik-Tanz-Volleyball

von

Lena Heisig

Schuljahr 2013/2014 im 1.HJ

Inhalt

I. THEORETISCHES ZUM ZIRKELTRAINING

1. Was ist Zirkeltraining?

1.1 Definition

Zirkeltraining, Circuittraining oder auch Kreistraining ist eine Belastungsgestaltung der menschlichen Muskelgruppen und eine Form des Kraftausdauertrainings, die sich vor allem durch vielseitige Organisation und abwechslungsreiche Struktur kennzeichnet. Ein Zirkel besteht je nach Zielsetzung und Leistungsvermögen aus fünf bis 15 einzelnen Stationen[1], die in vorgegebener Reihenfolge nacheinander und getrennt durch eine kurze Pause durchlaufen werden. Die Reihenfolge der Übungen ist so gewählt, dass unterschiedliche Muskelgruppen in wechselnder Folge trainiert, aufgebaut oder beansprucht werden, sodass sich diese zwischenzeitlich regenerieren können. Dadurch kann die Pause zwischen den Übungen, die je nach Vorgabe zwischen 15 und 60 Sekunden[2] ausgeführt werden, relativ kurz sein und 15 bis 45 Sekunden[3] lang sein. Sind diese Übungen vom Trainierenden alle jeweils einmal durchgeführt worden, können sich alle Muskelgruppen in einer Serienpause von eins bis drei Minuten[4] regenerieren. Insgesamt ist das Kraftausdauertraining am effektivsten bei zwei- bis dreimaligen Durchlauf nach dem Aufwärmen der Muskeln und anschließendem Cool Downs.

Aufgrund der vielseitigen Einsetzbarkeit des Zirkeltrainings, findet dieses in vielen Bereichen des Sports Anwendung. So profitieren beispielsweise trainierende Sprinter der Leichtathletik durch gezielte Kraftausdauerübungen der Oberschenkel- und Bauchmuskeln beim Laufen, oder Skoliose-Patienten mit krummer Wirbelsäule durch Stabilisation und Kräftigung der Rückenmuskulatur vom Circuittraining.

Demzufolge schließt die Vielseitigkeit dieses Trainings auch die die Konzentration auf ausgewählte Muskelgruppen, spezielle konditionelle Fähigkeiten wie **Kraft**, **Schnelligkeit**, **Ausdauer** und **Beweglichkeit**, koordinative Fähigkeiten oder soziale Aspekte in „Partner-Circuits" in den Begriff mit ein.

---

[1] file:///C:/Users/LENAHE~1/AppData/Local/Temp/Gesamte_CD_Material54/headtech.html, 29.12.13
[2] Ebenda, 29.12.13
[3] Ebenda, 29.12.13
[4] http://www.sportunterricht.de/sek2/kursdober/circuittraining.html, 29.12.13

1.2 Entwicklung

Den Ursprung findet das Zirkeltraining in den 1950er Jahren durch die Entwicklung von 24 festgelegten Übungen zweier Engländer an der Universität Leeds. Auffällig ist, dass sämtliche Übungen wie Klimmzüge, Liegestütze, Strecksprünge oder Armbeugen die Bauchmuskel beanspruchen und diesen somit streng genommen nicht dem Grundsatz der Abwechslung der Muskelgruppen entsprechen. So wurde das Übungskanon in den folgenden Jahren zunehmend erweitert und in die Zusammenstellung variiert. Man begann in den 1960er und 70er Jahren, das Zirkeltraining den einzelnen Sportarten, Generationen, Geschlechtern und Institutionen wie die Schule oder die Bundeswehr anzupassen. Aus heutiger Sicht werden zwar viele aus dieser Zeit entwickelten Übungen aufgrund modernen medizinischen Erkenntnissen als unfunktionell bezeichnet, das Circuittraining selbst blieb erhalten, da eine große Anzahl an Sportlern, ob trainiert oder untrainiert, in einem relativ kleinen Raum durch regelmäßigen Wechsel optimal, effektiv zielgerichtet trainieren können. [5]

2. Was nützt Zirkeltraining?

2.1 Privatperson

Ob zu Hause, im Fitness-Studio oder bei speziellen Kursangeboten- das Zirkeltraining eignet sich sowohl für Profis als auch für Neueinsteiger in der freien Zeit perfekt, da es in vielen Lokalitäten anwendbar ist und nicht viele Geräte benötigt. Bei regelmäßiger Durchführung wird das Herz-Kreislaufsystem und das Immunsystem langfristig gestärkt, die Sauerstoffaufnahme verbessert und der Stoffwechsel positiv stimuliert. Aufgrund dessen bezeichnet man das Zirkeltraining auch als **aeroben Leistungsprozess**, da der Stoffwechselprozess im Organismus hierbei unter Beteiligung von Sauerstoff abläuft. [6]

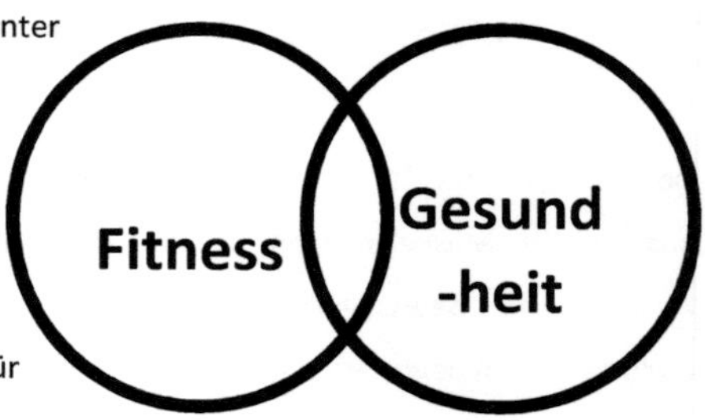

Für den Sportanfänger jedes Alters ist Zirkeltraining besonders empfehlenswert, da durch intensives, aber abwechslungsreiches Training die Grundmuskulatur nachhaltig für weiteres Training gestärkt wird und ein Gefühl von Fitness und Wohlbefinden im

Abbildung 1: Zusammenhang von Fitness und Gesundheit vereinfacht dargestellt

---

[5] http://www.biowiss-sport.de/kl_ausb_SS09_Z1_Circ.pdf, 31.12.13
[6] file:///C:/Users/LENAHE~1/AppData/Local/Temp/Gesamte_CD_Material54/headtech.html, 02.01.14

eigenen Körper entsteht. Einen großen Nutzen hat das Zirkeltraining für Privatpersonen aber nicht nur für das Selbstwertgefühl, sondern auch für die Gesundheit. Gewiss greifen die Begriffe „Fitness" und „Gesundheit" ineinander und resultieren voneinander (siehe Abbildung 1), jedoch nur in einer Richtung. Wer fit ist, ist eher gesund, aber wer gesund ist, ist nicht unbedingt fit. Das heißt also, dass man durch Sport, Bewegung und folglich auch Zirkeltraining die eigene Gesundheit fördert, indem Herz-Kreislauferkrankungen eher vermieden werden, die Körperhaltung stabiler und aufrechter wird, das Verletzungsrisiko geringer, das Immunsystem gestärkt ist und das Idealgewicht erreicht werden kann. Wer Zirkeltraining lieber professionell und unter Beaufsichtigung und Kontrolle ausüben will, kann beispielsweise Angebote von Fitnessstudios wie „Mrs. Sporty" nutzen, dessen Trainingskonzept auf dem ebenfalls individuell gestalteten 30-minütigen Zirkeltraining basiert.[7]

2.2 Verein

Wer Zirkeltraining vordergründig nicht mit dem Trainingsziel „Gesundheit und Fitness" ausübt, sondern spezielle Muskeln für jeweilige Disziplinen oder Sportarten aufbauen will, tut dies meistens im Verein. Schon kurz nach der Entwicklung des Circuittrainings, fand dieses schnell Gebrauch in Fußball-, Rugby-, Ruder- oder Leichtathletikvereinen (siehe Abbildung 2).

In letzteren ziehen beispielsweise Mittelstreckler von der Kräftigung der beim Laufen beteiligten Muskelgruppen. So können Fehler in der Lauftechnik wie die unvollständige Hüft- und Beinstreckung, der geringe Kniehub, das Abweichen des Oberkörpers oder die nicht parallele Armarbeit mittels Zirkeltraining verbessert werden.

Abbildung 2: Zirkeltraining eines Leichtathletikvereins mit Übungen zur Kondition und Koordination:

Deshalb werden meistens Übungen zur Hüft- oder Beinstreckung durchgeführt, in welchen der Streckmuskel der Oberschenkel(**Quadrizeps**) belastet wird, um die Beinkraft zu erhöhen. Auch die Fußmuskulatur wird gestärkt, um ein „Umknicken" zu vermeiden, der Rumpf

---

[7] http://www.mrssporty.de/uebungen, 02.01.14

stabilisiert, um den Schwerpunkt beim Laufen richtig zu setzen, die Armmuskel wie der **Bizeps** oder der **Deltamuskel** belastet und der Schultergürtel (**Trapezmuskel**) bekräftigt. [8]

3. Wie organisiere ich einen Circuit?

3.1 Trainingsziel

Noch bevor man die Übungen für den individuellen Circuit aussucht, diese zusammenstellt und schließlich ein Stationsplan erstellt, ist es in jedem Fall notwendig, sich über das Trainingsziel im Klaren zu werden und dieses zu formulieren. Auch das Trainingsziel variiert von Verein zu Verein und von Privatperson zu Privatperson. Während ein Hobby-Bodybuilder in möglichst geringer Zeit möglichst viele Muskeln am ganzen Körper mit Hilfe von Fitnessgeräten aufbauen will, trainieren andere Personen eher mit dem Ziel, langfristig fit und gesund zu bleiben. Folglich stellen sich die Fragen, wie man „Fitness" definiert, wann man „fit" ist und dies möglichst effizient und effektiv.

Frage an den Kurs: Um diesen Begriff zu klären, werde ich euch nun zwei Fragen stellen, die ihr nur mit einem oder keinem Handzeichen beantworten könnt.

1. *Wer von euch fühlt sich körperlich fit?*

[erwartetes Ergebnis: einer Studie nach, müssten sich etwa 20 Prozent der Schüler für körperlich fit halten.[9]]

2. *Wer von euch fühlt sich geistig fit?*

[geschätztes Ergebnis: etwa der ganze Kurs, da alle zur Schule gehen und regelmäßig Denkarbeit leisten müssen.]

Da diese beiden Ergebnisse nicht miteinander übereinstimmen, kann man also sagen, dass es keine klare und allgemeine Definition für den Begriff „Fitness" gibt. Trotzdem, kann man von einem wie schon zuvor erwähnten geistigen oder körperlichen Wohlbefinden sprechen, welches ermöglicht, Belastungen im Alltag auszuhalten, leistungsfähig zu sein und welches und Menschen dazu bewegt, Sport zu treiben, beispielsweise in Form von Zirkeltraining.

---

[8] http://www.leichtathletik.de/index.php?SiteID=830, 02.01.14
[9] http://de.statista.com/statistik/daten/studie/178644/umfrage/koerperliche-fitness-ist-fester-bestandteil-des-freizeitprogramms/, 03.01.14

Da der Begriff „Fitness" aber auch Komponenten wie Kraft, Ausdauer, Schnelligkeit, Beweglichkeit und Koordination miteinschließt, sollte man sich vor der Auswahl der Übungen für zwei bis drei dieser Eigenschaften entscheiden, um diese Bereiche effektiv zu trainieren. Testen kann man seine Fitness beispielsweise mit dem Cooper- Test.

Bei Erstellung von Circuittrainings einer Gruppe sollte man sich über dessen Kondition informieren, um die Übungen nach Intensität, Häufigkeit und Nutzung von Geräten zusammenzustellen.

Trainingsziele allgemein können sein:

✓ Verbesserung der Kondition, Leistungsfähigkeit und Fitness
✓ Gesundheitsförderung
✓ Figurformung
✓ Stressabbau[10]

3.2 Auswahl der Übungen

Ist das Trainingsziel formuliert und sind die Informationen über Gruppe und Geräte der Turnhalle vorhanden, sind die dazu passenden Übungen auszuwählen. Beachten sollte man hierbei unbedingt die Reihenfolge, um zu verhindern, dass zweimal die gleichen Muskelgruppen hintereinander belastet werden. Zu beachten ist auch stets, dass die sogenannten **Agonisten** und **Antagonisten**, also Gegenmuskel bei einer wechselseitigen Kontraktion der Beuge und Streckmuskel, sowie die rechte und linke Seiten der Muskel gleichermaßen belastet werden, um Verletzungen aufgrund Überbelastungen eines Muskels zu vermeiden. [11] Damit diese Faktoren auch von den Übenden eingehalten werden, bietet es sich an, einen Stationsplan und Stationskarten zu erstellen, die die Übungen, den Ablauf und die zu belastenden Muskeln erklären. Dieser sollte im allgemeinen Fall Beine-, Bauch-, Rücken- und Brustmuskeltraining beinhalten und im optimalen Fall auch koordinative oder bewegliche Fähigkeiten fördern.

---

[10] Boeckh-Behrens; Wend-Uwe Buskies, Wolfgang: Fitness-Gesundheits-Training. Die besten Übungen und Programme für das ganze Leben. Reinbek bei Hamburg: Rowohlt Taschenbuch Verlag, 2009.S. 23
[11] http://www.sportunterricht.de/lksport/muzusamm.html, 02.01.14

3.3 Auf- und Abwärmen

Wie auch immer das Zirkeltraining zusammengestellt wird, braucht der Organismus vor den Übungen Zeit, von Ruhe auf Belastung und nach den Übungen von Belastung auf Ruhe umzuschalten.

Beim Warm-up oder Aufwärmen bieten sich folglich im Unterricht Aufwärmspiele, Dehnübungen und Koordinationsübungen an, die den Körper in etwa 10 Minuten aktivieren sollen. Dehnübungen haben das Ziel, Muskeln zu verlängern, wodurch ihre Funktionseigenschaften verbessert werden und die Verletzungsgefahr bei Kraftübungen gemindert wird.[12]Das Herz-Kreislaufsystem passt sich der folgenden Belastung an, die Muskulatur wird verstärkt durchblutet und der Stoffwechsel wird angekurbelt. Außerdem steigert gezieltes Aufwärmen die Leistungsfähigkeit und vermindert die Verletzungsgefahr. Zwischen dem Aufwärmen und dem eigentlichen Zirkeltraining darf eine Pause von etwa 3 Minuten gemacht werden. [13]

Mindestens genauso wichtig wie das Warm-up ist das Cool-down oder Abwärmen. Nach dem Abschluss des Zirkeltrainings sollte man nicht abrupt aussteigen, sondern eher langsam aus dem Training schleichen, um Muskelkater zu vermeiden. Während dieser Abkühlphase kann der Körper regenerieren und von Belastung auf Ruhe umschalten. Dafür eignen sich beispielsweise Dehnübungen oder Stretchings. [14]

3.4 Durchführung der Übungen

Einer der grundlegenden Fragen zur Durchführung der Übungen ist die Relation von Belastungs- und Pausenzeit, die je nach Intensität unterschiedlich gesetzt werden können. Diese zwei verschiedenen Phasen oder auch Intervalle sind wichtig, dass die Ausdauer von Kraft und Schnelligkeit und eine maximale Sauerstoffaufnahme trainiert werden kann. Die Pausen sind so kurz, dass sich der Organismus nicht vollständig erholen kann. Außerdem unterscheidet man zwischen einem **intensiven** und einem **extensiven Intervalltraining**. Während das intensive Intervalltraining eine relativ kurze Übungszeit mit hoher Intensität und Bewegungsfrequenz, und dafür längeren Pausen zur kurzen Erholung voraussetzt, fordert das extensive Training längere Übungszeiten aber dafür kürzere Pausenzeiten.

---

[12] file:///C:/Users/LENAHE~1/AppData/Local/Temp/Gesamte_CD_Material54/headtech.html, 05.01.14
[13] http://www.sportunterricht.de/aufwaermen/aufgrund.html, 03.01.14
[14] Bönström, Valerie; Trunz-Carlisi, Elmar: Das Mrs. Sporty-Konzept mit Stephanie Graf. Lebenslust und Energie in 30 Minuten, o. O: Wunderlich, 2008. S. 113

Dementsprechend sind die Übungen beim extensiven Training meist leichter oder setzen geringere Intensitäten voraus. [15]

Vergleicht man bei beiden Trainingsarten die **Herzfrequenz**, so stellt man fest, dass bei beiden die nächstfolgende Belastung einsetzt, wenn in der Pause eine Herzfrequenz von etwa 120 bis 130 Schläge pro Minute einsetzt. Der Puls des intensiven Trainings ist während der Belastung zwar höher, dafür dauert dieser beim extensiven Training länger an

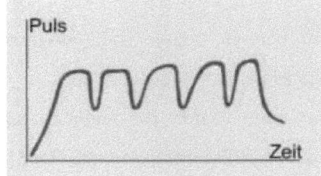 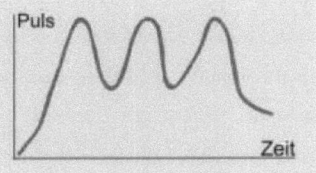

(Abbildung 3). [16]

Abbildung 3: Pulswerte während eines extensiven Trainings

Insgesamt, sollte man die Übungen so durchführen, dass der Belastungsgrad am Ende eines Durchgangs bei 100% liegt.

3.5 Tipps

✓ Nie zweimal die gleichen Muskelgruppen hintereinander belasten.

✓ Pulskontrollen in den Pausen zur Vermeidung von Überbelastung. Bei Einsteiger liegt die Obergrenze des Pulswertes etwa bei 140; bei Fortgeschrittenen etwa bei 145. [17] Zum Vergleich: In Ruhe schlägt das Herz etwa 60 bis 80 mal in der Minute

✓ Während der Übungen vollständig auf die Durchführung konzentrieren und Sprechen vermeiden. Eventuell Musik

4. Mein individueller Circuit

4.1 Trainingsziel und Auswahl der Übungen

Mein Ziel für diese Stunde ist es, den Schülern einen Einblick in ein Zirkeltraining zu ermöglichen, durch das man sich bei regelmäßigen Durchführen fit und gesund fühlt. Gerade für uns Schüler, die viel Zeit zu Hause sitzend am Schreibtisch verbringen, ist es auf der einen Seite wichtig, einen Ausgleich vom oft stressigen Schulalltag zu finden, aber auch die

---

[15] file:///C:/Users/LENAHE~1/AppData/Local/Temp/Gesamte_CD_Material54/headtech.html, 04.01.14

[16] file:///C:/Users/LENAHE~1/AppData/Local/Temp/Gesamte_CD_Material54/headtech.html, 04.01.14

[17] Bönström, Valerie; Trunz-Carlisi, Elmar: Das Mrs. Sporty-Konzept mit Stephanie Graf. Lebenslust und Energie in 30 Minuten, o. O: Wunderlich, 2008. S. 143

Körperhaltung und die Gesundheit zu schonen. Einer Studie einer südaustralischen Universität zu folge steigt die Wahrscheinlichkeit für Herz-Kreislauferkrankungen für heutige Schüler außerdem im späteren Leben, da sie im Durchschnitt etwa 15% weniger fit seien als ihre Eltern. [18] Deshalb, habe ich bei der Auswahl der Übungen darauf geachtet, **rumpf- und rückenschonende** und **hochintensive Kraftausdauer-Übungen** zur Förderung oder Aufbau der körperlichen Fitness miteinzubauen. Mit dem Stationsplan mit allen Übungen und deren Erklärung als Teil des Handouts, möchte ich den Schülern anbieten, dieses Zirkeltraining auch zu Hause problemlos anwenden zu können, indem dafür angemessene Übungen markiert werden. Auf den einzelnen Stationskarten sollte außerdem der jeweilige zu belastende Muskel zur Übersicht markiert sein. Damit die eigenständige Durchführung leichter fällt, sollen die Schüler vor allem aber das Zirkeltraining mit einer gut organisierten, in sich runden und abwechslungsreichen Unterrichtgestaltung positiv in Erinnerung behalten. Insgesamt habe ich mich bei der Auswahl der Übungen auf zwei der elementaren Komponenten des Begriffs Fitness konzentriert: Kraft und Koordination.

4.2 Vorstellung der Übungen

Ich habe in meinen individuellen Circuit aus 12 Stationen zusammengestellt, da der Kurs aus 32 Schülern besteht, und so je drei Schüler eine Übung durchführen können. Wenn es beim ersten Durchgang noch Probleme mit der Durchführung geben, sollten sich diese aufgrund der nicht allzu hohen Übungsanzahl ergeben. Als Überblick meines Circuits dient der Stationsplan, den die Schüler während der „Führung" ausgeteilt bekommen, der wie folgt aussieht:

---

[18] http://www.wiwo.de/technologie/forschung/fitness-studie-kinder-sitzen-mehr-als-je-zuvor/9101898.html, 04.01.14

Nr.	Übungsname	Foto	Erklärung	Zu belastende Muskeln/	Angesprochene Fähigkeit
1	Partner-Stepper		**Aufbau: 3 Stepper in einem Dreieck** - jede Person stellt sich an einen Stepper; eine Person nimmt den Ball - beidseitiges Springen; Ball wird auf Stepper im Dreieck übergeben	Wadenbeinmuskel, Fußmuskulatur (Ballen)	Koordination
2	Klimmzüge am Barren		**Aufbau: 2 harte Matten auf Barren + je 2 Matten davor** - Umfassen der Stange; Fingerspitzen ins Gesicht zeigend - Ziehen, sodass Körper eine Linie bildet; Kinn bis an Stange **ACHTUNG! BEWEGUNG OHNE SCHWUNG AUSFÜHREN**	Zweiköpfiger Oberarmmuskel 	Kraft
3	Blind Seilspringen		**Aufbau: 3 Seile** - Beidseitiges Springen - Augen geschlossen halten	Wadenbeinmuskel	Koordination, Ausdauer
4	Kniestand-Beinheben		**Aufbau: 3 harte Matten** - Knien, Handfläche abstützen, Kopf nach unten - Linke Hand gestreckt nach vorn, rechtes Bein gestreckt nach hinten	Rückenmuskulatur 	Koordination

11

			SEITENWECHSEL		
5	Medizinball werfen		**Aufbau: 3 harte Matten, 3 Medizinbälle** - Sitzend, Füße angehoben und kurz über Boden - Medizinball auf eine Seite nehmen und mit Schwung gegen Wand werfen und auffangen **SEITENWECHSEL!**	Seitliche Bauchmuskeln, Brust- und Trizepsmuskulatur	Kraft
6	An der Wand sitzen		**Kein Aufbau** - Mit Rücken an der Wand lehnen - Arme lang neben dem Körper austrecken - Leicht in die Knie gehen, sodass Oberschenkel mit Oberkörper 90° Winkel ergeben	Oberschenkelmuskulatur	Kraft
7	Aufwickeln eines Gewichts		**Aufbau: 3 Gewichte (3kg), Seil durch Loch ziehen und knoten, an Stab befestigen** - Auf- und Abwickeln durch Handbeuge- und Handstreckbewegungen **ACHTUNG! FESTE STANDPOSITION**	Handbeugemuskel, Handstreckmuskel	Koordination

#	Übung	Bild	Beschreibung	Muskelgruppe	Kategorie
8	Partner Kniebeuge am Seil		**Aufbau: ein Seil am Ende der Seiten knoten** - Schüler stellen sich im Dreieck auf; jeder Schüler an ein Ende des Seils - Arme ausstrecken, sodass Seil spannt - Vorsichtig in die Knie und wieder nach oben **ACHTUNG! PARALLELE AUSFÜHRUNG**	Oberschenkelmuskulatur	Koordination
9	Crunchers		**Aufbau: 3 Kasten und 3 harte Matten davor** - Beine bis zur Kniekehle auf Kasten legen - Rücken orthogonal zum Kasten, Hand auf Brust überkreuzen - Oberkörper maximal um 45° anheben, Blick nach oben	Gerade Bauchmuskeln	Kraft
10	Stab am Finger		**Aufbau: 3 Stäbe** - Stab auf die Zeigefingerspitze stabil positionieren - Ruhig auf Boden setzen und wieder aufstehen - Blick stets auf den Stab	Oberschenkelmuskulatur	Koordination
11	Kreuzspringen		**Aufbau: eine große weiche Matte, 1x1 Meter Kreuz mit Klebeband auf Matte** Sprungfolge: 1. Beidseitiges Springen: vor, zurück 2. Diagonales Springen im [gegen] den Uhrzeigersinn	Wadenmuskulatur	Koordination

| 12 | Liegestütz rücklings | 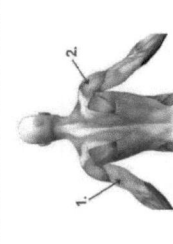 | **Aufbau: eine Bank**

- Handfassung seitlich an Bank mit Rücken zur Bank
- Kontrollierte Abwärtsbewegungen mit maximal 90° Ellenbogenwinkel
- Aufstreckung mit Einsatz der Schultermuskulatur | Dreiköpfiger Armstrecker, Deltamuskel | Kraft |

Trainingsschwerpunkt: Kraft, Koordination

Durchgänge: 2

Belastungszeit: 1. Durchgang: 30 Sekunden   **Erholungszeit:** 30 Sekunden

                      2. Durchgang: 30 Sekunden

Pause zwischen Durchgängen: 3 Minuten

Gesamtzeit: etwa 25 Minuten

Anzahl der Übungen: 12

Gerätebedarf: 3x Kasten, 10x harte Matten, 3x Medizinbälle, 1x Barren, 7x Seile, 3x Gewicht (3kg), 1x Bank, 3x Stepper, 1x weiche Matte, 3x Stäbe

II.   PRAKTISCHER ABLAUF

1. Aufwärmphase (circa 10min)

1.1 Herz-Kreislaufbelastung

Nach einem etwa 10-minütigen Vortrag über das Zirkeltraining folgt das zügige Einlaufen von 5 Runden in der großen Halle zur Her-Kreislaufbelastung von 3 Minuten.

1.2 Dehnen

Danach stellen sich Schüler in einem Kreis auf und machen Dehnübungen zur Oberarmmuskulatur, Rückenmuskulatur, Bauchmuskulatur, Handgelenkmuskulatur, Oberschenkelmuskulatur und Wadenmuskulatur. Eine Dehnübung wird etwa 10-15 Sekunden ausgeführt. Insgesamt wird sich etwa 5 Minuten gedehnt.

Dehnübungen:

STEHEN

1. Kopf zur Seite neigen (Nackenmuskulatur)
2. Arm hinter dem Kopf nach unten drücken (hintere Oberarm- und Schultermuskulatur)
3. Hände greifen hinter dem Kopf (Schulter-, Arm- und Brustmuskulatur)
4. Oberkörper seitlich neigen (seitliche Brust-, Bauch- und Rückenmuskulatur)

5. Ausfallschritt (Wadenmuskulatur)

6. Unterschenkel anziehen (vordere Oberschenkelmuskulatur)

7. Oberkörper zu gestrecktem Bein vorbeugen (hintere Oberschenkelmuskulatur, Waden- und Rückenmuskulatur)

8. Oberkörper im Stand vorbeugen, Boden mit Hände berühren (hintere Oberschenkel- und Rückenmuskulatur, Wadenmuskulatur)

9. Grätschstand (innere Oberschenkel und Wadenmuskulatur)

LIEGEN

10. Arme und Beine liegend strecken (Bauch- und Rückenmuskulatur)

11. Gebeugte Beine zur Seite legen (seitliche Bauch- und untere Rückenmuskulatur)

12. Katzenbuckel (Rückenmuskulatur, Schultermuskulatur)

13. Körperdrehung im Sitz (Gesäß-, äußere Oberschenkel und Rückenmuskulatur)

14. Angehobenes Bein strecken (hintere Oberschenkelmuskulatur, Wadenmuskulatur)

15. Knie nach außen senken (innere Oberschenkelmuskulatur)

2. Hauptteil: Zirkeltraining (circa 50min)

Nach dem Aufwärmen teile ich die Schüler in dreier Gruppen ein und weise jeder Gruppe einer Station zu. Jede Gruppe ist dann für den Aufbau einer Station zuständig. Die nötigen Informationen dazu finden die Schüler auf dem Stationsplan, der von mir nach dem Aufwärmen ausgeteilt wird. Damit jede Gruppe weiß, wo ihre Station aufgebaut wird, lege ich zur Kennzeichnung in der Vorbereitung der Stunde die jeweilige Ziffer auf einem Blatt an die richtige Stelle. Der Aufbau des Zirkels soll höchstens 10 Minuten dauern.

Nun beginnt die Vorstellung der 12 Übungen, die ich erkläre und dann vormache. Dies dauert etwa 10 Minuten.

Nach dieser Vorstellung geht jede Gruppe zu ihrer aufgebauten Station und der erste Durchgang des Zirkeltrainings beginnt.

Nach dem ersten Durchgang findet eine 3-minütige Trinkpause statt.

Nun beginnt der zweite und letzte Durchgang.

3. Schlussteil: Cool-down (circa 15min)

Nach dem zweiten Durchgang baut jede Station ihre Geräte wieder ab. Die Personen der Stationen ohne Geräte helfen beim Abbau anderen Stationen. Der Abbau soll höchstens 10 Minuten dauern.

Nach dem Abbau findet ein kurzer Cool-down von etwa 5 Minuten statt. Die Arme und Beine werden zuerst geschüttelt, tief ein und ausgeatmet und schließlich ein bis zwei Runden locker ausgelaufen.

Damit ist die Stunde zu Ende und die Schüler haben noch Gelegenheit, mir Fragen zu stellen.

Bilanz: Theoretische Vorstellung des Zirkeltrainings: 10min

+ Aufwärmphase: 10min

+ Aufbau des Zirkels: 10min

+ Praktische Vorstellung des Zirkels: 10min

+ Zirkeltraining mit Pause: 30 min

+ Abbau des Zirkels: 10 min

+ Cool-down: 5min

Gesamt: 85 min

Quellenverzeichnis

Bildquellen:

- http://www.lg-stadtwerke-hilden.de/tl_files/content/bilder/Zirkel13k.jpg
- file:///C:/Users/LENAHE~1/AppData/Local/Temp/Gesamte_CD_Material54/belast_meth/ausdauer/intervall/grafik/intint.jpg
- file:///C:/Users/LENAHE~1/AppData/Local/Temp/Gesamte_CD_Material54/belast_meth/ausdauer/intervall/grafik/exint.jpg
- file:///C:/Users/LENAHE~1/AppData/Local/Temp/Gesamte_CD_Material54/headtech.html
- http://www.st-georg.de/_we_thumbs_/8443_7_SportTest_jr_260212_570.jpg
- file:///C:/Users/LENAHE~1/AppData/Local/Temp/Gesamte_CD_Material54/headtech.html
- http://www.gymnastik365.de/vorlagen/wirbelsaeulengymnastik/kraeft_rueck_3_a.jpg
- http://www.fitness4mma.de/kraft/medizinball/mball_06.jpg
- file:///C:/Users/LENAHE~1/AppData/Local/Temp/Gesamte_CD_Material54/headtech.html
- http://gym.wellbo.de/exerciseimage/608/1000/0/106/Wandsitzen_2_w.jpg
- file:///C:/Users/LENAHE~1/AppData/Local/Temp/Gesamte_CD_Material54/headtech.html
- file:///C:/Users/LENAHE~1/AppData/Local/Temp/Gesamte_CD_Material54/headtech.html
- http://www.bbcoach.de/images/bauch.gif
- file:///C:/Users/LENAHE~1/AppData/Local/Temp/Gesamte_CD_Material54/headtech.html
- http://hanteltraining.me/wp-content/uploads/2011/07/Bizeps.png
- http://www.dr-gumpert.de/uploads/pics/Trizepsdruecken_2.jpg

Literaturquellen:

- Boeckh-Behrens; Wend-Uwe Buskies, Wolfgang: Fitness-Gesundheits-Training. Die besten Übungen und Programme für das ganze Leben. Reinbek bei Hamburg: Rowohlt Taschenbuch Verlag, 2009
- Bönström, Valerie; Trunz-Carlisi, Elmar: Das Mrs. Sporty-Konzept mit Stephanie Graf. Lebenslust und Energie in 30 Minuten, o. O: Wunderlich, 2008

Internetquellen:

- http://www.sportunterricht.de/sek2/kursdober/circuittraining.html, 29.12.13
- http://www.biowiss-sport.de/kl_ausb_SS09_Z1_Circ.pdf, 31.12.13
- http://www.leichtathletik.de/index.php?SiteID=830, 02.01.14

- http://de.statista.com/statistik/daten/studie/178644/umfrage/koerperliche-fitness-ist-fester-bestandteil-des-freizeitprogramms/, 03.01.14

- http://www.mrssporty.de/uebungen, 02.01.14

- http://www.sportunterricht.de/lksport/muzusamm.html, 02.01.14

- http://www.sportunterricht.de/sek2/kursdober/organisationcircuit.html, 05.01.14

- http://www.sportunterricht.de/sek2/kursdober/circuittraining.html, 04.01.14

- http://www.sportunterricht.de/sek2/kursdober/mukratrai5.html, 04.01.14

- http://www.sportunterricht.de/aufwaermen/gymnastik1.html, 05.01.14

- http://www.wiwo.de/technologie/forschung/fitness-studie-kinder-sitzen-mehr-als-je-zuvor/9101898.html, 04.01.14

CD- Rom Quellen:

- Gesundheit & Fitness, Fred Messer, CD- Rom, Thüringen: Thüringer Institut für Lehrerfortbildung, Lehrplanentwicklung und Medien